AF143889

MATTHIEU MERIOT

NOS DIFFÉRENCES SONT UNE RICHESSE

Éditions BoD

Du même auteur :

Observations et photographies, tome 1 : Photographies enneigées

Éditions BoD, 2018.

Un enfer scolaire

Éditions BoD, 2018.

Les émotions d'une vie

Editions BoD, 2019.

Parle

Editions BoD, 2020.

Sentiments Positifs

Editions BoD, 2020.

Toujours Brave

Éditions BoD, 2021.

Observations et photographies, tome 2 :

Photographies chaleureuses.

Éditions BoD, 2021.

À ma famille et mes proches qui m'ont toujours aidé et soutenu dans mes projets d'écriture. Merci pour tout l'amour que vous m'offrez au quotidien.

Et également un très grand merci à toute l'équipe de mon éditeur, Books on Demand, sans qui rien ne serait possible.

Et enfin, je vous remercie d'avoir choisi ce livre ! Je souhaite qu'il vous plaise et vous transporte dans mon univers d'écrivain auto-édité !

Matthieu MERIOT

Prologue

Je m'appelle Matthieu Meriot.

Je suis un jeune homme homosexuel de 22 ans engagé contre le harcèlement scolaire. J'ai été victime de ce fléau de la maternelle à la quatrième, jusqu'à me mutiler et commettre trois tentatives de suicide.

Je me suis fait connaître en 2018 sur le réseau social Twitter où je suis actuellement suivi par plus de 19 000 personnes. J'aide et je sensibilise face au harcèlement à l'école. À la suite de tout ça, j'ai recherché pendant quelques jours le moyen de publier les livres que j'écrivais. Les maisons d'éditions c'était trop difficiles pour moi. Je voulais avant-tout être moi-même et libre de mes choix. C'est alors qu'un jour je suis tombé sur une plate-forme d'auto-édition qui m'a énormément intéressé : BoD, Books on Demand. Alors je n'ai pas hésité longtemps, je suis allé chez eux et j'en suis très satisfait !

Depuis 2018, j'ai vendu plus de 10 000 exemplaires dans le monde. Ce qui est énorme, surtout en auto-édition ! Je n'ai pas encore la chance d'en vivre mais je pense que si je continue comme ça, je peux y arriver. C'est mon rêve et je donnerais de mon mieux pour réussir !

Je tenais à tous vous remerciez pour votre aide et votre soutien. Sans vous et sans mes communautés, je n'aurais jamais pus autant réussir. Tout ça c'est grâce à moi mais aussi grâce à vous. Merci à tous !

*

Après autant d'épreuves difficiles, je vais beaucoup mieux et je suis même en pleine forme ! Aujourd'hui je travaille dans un ESAT (Établissement et Service d'Aide par le Travail) en espaces verts et ça me plaît beaucoup. L'ambiance est chaleureuse et le respect est toujours là. C'est même une obligation pour tout le monde. Pas de jugements, de moqueries, d'insultes, de violences ou autres sinon il y a des sanctions.

Je tenais à remercier cette ESAT qui m'accompagne aujourd'hui dans ma vie, pour être bien et surtout être moi-même.

{Ma naissance}

Je m'appelle Matthieu Meriot.

Je suis né le 6 avril 1999 à l'hôpital de Châteauroux, dans l'Indre, dans le département N°36. J'y vis depuis ma naissance.

Aujourd'hui j'ai 22 ans.

{Toujours timide}

Lorsque j'étais à l'école, je me souviens être quelqu'un de très timide. Ça a toujours été un souci pour moi, dans le sens où c'est très difficile d'aller vers les autres.

Aujourd'hui cette timidité est toujours là. Je pense que malheureusement, je vais devoir vivre avec…

{Ma façon de voir les choses}

Actuellement je suis dans une phase difficile de ma vie. J'essaye de me construire un ''bon'' avenir dans le sens où je dois faire des efforts en ESAT (mon travail actuel) pour moi-même mais aussi pour ma famille et mes proches qui me soutiennent et me souhaitent le meilleur !

Et même si ce n'est pas simple tous les jours, j'ai le sentiment de réussir quelque chose.

{J'aime la vie !}

Je ne suis certainement pas le seul, mais je ne comprends pas les gens qui n'acceptent pas la vie. Je veux dire, dans le sens où ils ne profitent de rien et disent que la vie est nulle.

Je ne suis pas d'accord là-dessus. Effectivement la vie n'est pas toujours facile mais il faut profiter des bons moments tout de même. C'est dommage de se gâcher la vie pour tous les malheurs. Il existe tellement de belles choses à faire seul ou à plusieurs pour rendre notre vie plus belle !

{Donner le meilleur de soi-même}

Au fond de moi je veux réussir à faire beaucoup de choses, pour moi-même mais aussi pour les autres, pour leur prouver que je suis autant capable que n'importe qui. Toute mon enfance a été compliquée, surtout à cause du harcèlement scolaire. C'était très difficile de remonter la pente. Et même si aujourd'hui je vais mieux, je dois prendre confiance en moi, car je suis aussi capable que n'importe qui.

Désormais, je donne le meilleur de moi-même pour réussir.

{Faire de nos différences une force}

Comme je le disais précédemment, je dois prendre confiance en moi pour réussir ce que je souhaite. C'est important. Je vais faire de mon mieux pour accomplir ce que je veux faire. Il le faut !

*

Vous savez, il m'a fallu énormément de temps avant de m'assumer complètement. Avant d'assumer ma corpulence comme mon homosexualité et ma passion pour l'écriture. Ce n'est pas facile d'être différent des autres. Mais je dois faire de mes différences une force intérieure pour surmonter les obstacles. C'est ce que je fais désormais et peu importe ce que pensent les autres ! De toutes façons je ne vis pas pour les autres mais pour moi avant tout.

{Mon homosexualité}

Aujourd'hui, l'homosexualité est beaucoup plus acceptée qu'il y a quelques années. Les mentalités changent et évoluent, c'est une très bonne chose. J'espère que ça continuera ainsi !

*

Au départ, ce qui été le plus difficile pour moi, c'était de m'assumer et de dire « je suis homosexuel ». Aujourd'hui je n'ai plus aucuns soucis à l'assumer. Je me sens assez fort pour surmonter les épreuves auquel je peux faire face, lorsqu'il y a de l'homophobie par exemple. Je suis quelqu'un de fort et je le resterai.

{Une étincelle d'espoir}

Pour moi, il ne faut jamais renoncer à se battre. C'est trop facile. Au contraire, en donnant le meilleur de nous-mêmes nous allons toujours de l'avant. C'est pour ça que je dis souvent « il existe toujours une étincelle d'espoir malgré les difficultés. » car pour moi rien n'est perdu.

{Apprendre à faire confiance aux autres}

Je dois apprendre une chose : faire confiance aux autres. Dû moins, essayer.

À cause de mon passé qui me hante l'esprit, je n'arrive pas à aller vers les autres. C'est compréhensible mais je me sent mal lorsque ça m'arrive. Ça a toujours été l'un de mes problèmes profonds. Je sais que rien ne peut m'arriver de mal en allant parler aux gens mais je bloque encore.

*

D'ailleurs lorsque je bloque pour aller parler aux autres, je culpabilise énormément. Je me sens coupable et responsable. Mais comme disent mes proches, je n'ai pas à l'être. J'ai traversé des épreuves très difficiles alors aujourd'hui c'est normal d'échouer. Cependant la confiance en soi est très importante pour tendre la main aux autres. Tout n'est que confiance !

{Un sourire}

Pour moi, la vie sans sourire n'existe pas. Quand quelqu'un me dit « bonjour » en souriant je souris également. Le sourire fait partie du savoir-vivre mais procure de la bonne humeur !

Moi je ne peux pas passer une journée sans sourire. C'est impossible.

*

Je suis le genre de personne à aussi se cacher derrière son sourire. Pourquoi d'après-vous ? Parce-que je ne veux pas montrer que je ne vais pas bien ou que quelque chose ne vas pas. Je préfère garder les choses pour moi plutôt que de des dires. Ce n'est pas forcément bien mais au moins je me protège. C'est une façon de me protéger et de ne pas inquiéter les autres pour parfois, pas grand-chose.

{Première lumière}

En ce dimanche matin d'octobre, je me réveille avec des températures très basses et très froides, mais c'est la saison ! Je regarde le soleil pour regarder les douces lumières du matin et je vis la première lumière de la journée !

{Le dimanche}

Régulièrement mes lecteurs me demandent ce que je fais les dimanches. Je réponds souvent que j'écris mais pas seulement ! Je vous explique.

Pour moi le dimanche est fait pour me reposer mais également pour aller me balader en forêt, écouter de la musique dans ma chambre, faire du vélo, marcher dans la campagne, profiter du temps, etc…

Je ne pense à rien, je fais mes occupations uniquement.

{Il faut vivre}

Je ne suis pas seulement quelqu'un qui aime se reposer, je suis aussi quelqu'un qui aime la vie. Pour moi c'est une très belle chance d'être en vie. On peut profiter de pleins de belles choses même si nous ne les voyons pas forcément sur le moment.

*

Par exemple, l'écriture m'apporte beaucoup au quotidien. C'est ma passion et elle le restera. Grâce à elle j'ai sû écrire ce que j'avais sur le cœur pour me libérer de pleins de pensées plus ou moins positives et négatives. Et là où je me rends compte de ma chance à être en vie c'est que je suis libre de faire ce que j'aime tout en restant moi-même. Je ne serais plus de ce monde, je n'aurais jamais eu la chance d'écrire et d'auto-éditer mes propres livres.

Être en vie est une très belle chance pour profiter de tout ce que l'on peut voir et découvrir avec le temps et les épreuves de la vie.

{La temps passe}

Pour moi, le temps passe tellement vite
que l'on n'a pas le temps de se consacrer
à tout ce que l'on veut. C'est dommage
mais c'est comme ça, malheureusement.

{Le partage}

Ce que j'aime beaucoup lors des fêtes de fin d'années, c'est la convivialité et le partage avec ma famille. J'aime beaucoup manger et rigoler avec eux. Et puis les repas de famille nous permettent de nous rapprocher et de partager de très bons moments, les uns avec les autres. Le plus important c'est d'être tous ensemble !

{Moments de tristesse}

Parfois il nous arrives d'être très mal, voir d'être au plus mal. Il y a forcément une ou plusieurs raisons qui font ce mal-être. Le mieux est d'en parler à une personne de confiance afin de se libérer de nos souffrances.

Dans ces moments-là la parole est extrêmement précieuse pour comprendre la situation, car chaque situation sont différentes !

*

Si par exemple un jour vous n'êtes pas bien du tout, je vous recommandes de vous rapprocher d'une personne de confiance qui saura vous aider et vous guider. C'est important tout d'abord pour vous mais aussi pour vos proches qui s'inquiètent également. Pensez-y !

{Une histoire vraie}

Les gens me demandent souvent si ce que j'écris dans mes livres témoignage, c'est ce que j'ai réellement traversé. La réponse est oui.

Je comprends cette question et c'est normal. Aujourd'hui les gens doutent toujours, mais oui, ce qui est écrit dans mes livres témoignage, c'est ce que j'ai vécu par le passé.

{Faire de son passé une force}

Vous savez lorsque j'étais plus jeune, j'étais un jeune homme différent des autres part mon homosexualité et mon surpoids. Les élèves ne l'acceptaient pas. Et c'est d'ailleurs pour ça que j'ai connu le harcèlement scolaire jusqu'à me mutiler et commettre trois tentatives de suicide. Et même si aujourd'hui ça va mieux, tout est toujours dans ma tête. Je ne peux pas oublier ce que j'ai traversé à l'école. C'est impossible pour moi. Ce sera toujours dans ma tête. Psychologiquement c'est très difficile mais je suis sûr que je vais prendre confiance en moi et que la vie me sourira à nouveau ! Il me faut du temps pour me reconstruire et évoluer. Et comme je le disais, je fais de mon passé une force pour m'en sortir.

{Les émotions d'une vie}

Je crois que je suis quelqu'un de trop gentil. J'aime sourire et sourire aux autres mais j'ai le sentiment que parfois, certains et certaines en profitent. Je ne comprendrais jamais pourquoi…

*

Les émotions sont difficiles à contrôler pour moi car je suis quelqu'un de très sensible. Je ressens beaucoup les choses comme les émotions d'une personne avec laquelle je discute en face de moi. Je peux ressentir si elle est plutôt en colère, ennuyée, contente, etc.

{Je suis une personne en situation de handicap}

Aujourd'hui je suis considéré comme une personne en situation de handicap. Je travaille dans un ESAT (Établissement et Service d'Aide par le Travail) pour être guidé. J'ai des référents, des moniteurs et des éducateurs qui m'aident à me sentir bien et à l'aise au sein de l'ESAT. Je suis dans cet établissement depuis le 31 mai 2021 pour une période d'essaie de six mois. Ce que je souhaiterai c'est être embauché pour me prouver à moi-même et aux autres que je suis capable, capable de bien travailler et d'être moi-même.

Mais lorsque j'ai dit à mes communautés sur les réseaux sociaux que je voulais entrer en ESAT, elles ont paniquées et m'ont averti. Elles m'ont dit des choses qui étaient fausses, surtout dans l'ESAT où je suis. Vous savez, ce que j'ai compris avec internet, c'est qu'il ne faut pas toujours faire attention à ce qu'il se dit. Il faut être très prudent, surtout quand on a des grandes communautés comme les miennes. Il faut aussi trouver un équilibre dans tout ça pour ne pas se faire influencer. Pour moi internet peut être très bien comme très mal. Soyez prudents !

*

Même si je dois avouer qu'au début c'était très difficile pour moi d'être au foyer d'hébergement et à l'ESAT en même temps, j'essaye de relativiser et de me dire qu'au moins j'ai un travail stable, un salaire et de quoi être heureux. Il faut que j'apprenne que le bonheur se trouve aussi dans les choses disons ''simple''. J'ai beaucoup de chances finalement. J'ai un travail, un salaire, une famille, l'écriture, et tous n'ont pas cette chance.

C'est seulement aujourd'hui que je m'en rends compte mais il vaut mieux tard que jamais !

*

Il faut également que j'apprenne à faire le premier pas vers les autres. Je suis quelqu'un de très timide et qui n'ose pas aborder les gens, mais parfois il faut oser ! Qu'est-ce que je risque ? Pas grand-chose, mais psychologiquement je peine beaucoup au niveau relationnel. Certainement à cause de mon passé qui me ronge encore.

*

De toutes façons il y aura toujours des mauvaises personnes dans ce monde. Mais il en existe aussi des très bonnes qui sauront m'écouter et m'aider. Je suis en ESAT, je dois profiter des personnes qui m'accompagnent pour avancer avec elles. Je dois me faire confiance et leur faire confiance, ce qui est le plus dur pour moi.

{Avancer avec les vraies personnes}

Il faut que j'avance désormais. Que je regarde devant moi et que je face confiance aux personnes qui m'entourent, comme ma famille mais aussi l'ESAT. Personnellement, je n'ose pas encore faire confiance. Pour vous donner un exemple, il y a un garçon de mon âge qui me considère comme son ami, mais quelques jours plus tard, il voulait aller plus loin en ayant une relation amoureuse avec moi. Il comprends mais il m'en veut de ne pas réussir à lui faire confiance. Je comprends et c'est normal qu'il soit triste de tout ça. Je dois aussi le comprendre au lieu de toujours penser à mon vécu et de rester bloquer dessus. Il faut avancer.

{La vie est trop courte}

C'est dommage…

Oui c'est dommage ne pas complètement profiter de la vie et d'être heureux. C'est ce que je me dis parfois, lorsque je pleure dans ma chambre. Quand je suis triste j'essaye de relativiser en me disant « Je fais de grandes choses comme l'écriture, beaucoup n'en sont pas capables ou n'ont pas réussis à autant fonctionner que moi en auto-édition. »

Je dois me dire que ce que je fais aide et apporte beaucoup aux autres. C'est important de continuer l'écriture, pour soi mais pour les autres aussi. Ce que je souhaite aujourd'hui c'est en vivre et pour ça, je dois continuer et persévérer !

{Mon univers d'écrivain auto-édité}

Depuis que j'écris mes livres, je m'épanouis énormément. Que ce soit avec mes lecteurs qui apprécient ce que je fais ou en écrivant mes ouvrages.

*

En fait ce que je voulais faire en devenant écrivain, c'est tout d'abord me faire plaisir en écrivant ce que j'avais sur le cœur afin d'exotériser mes souffrances mais aussi les belles choses qui me traversaient l'esprit. Mais pas seulement, je voulais aussi un métier qui me plaise en tant qu'artiste. C'est alors que j'ai découvert le monde de l'écriture. J'avais écrit mon premier livre mais je ne savais pas comment l'éditer. J'ai tenté les maisons d'éditions, certaines m'ont refusée sans me dire ce qu'elles pensaient réellement de mes œuvres et quelques une m'ont répondu en me disant que c'était très intéressant mais pour autant, pas de publication envisagée. J'étais très déçu et pour ne rien vous cacher j'ai eu l'envie d'abandonner. J'étais au plus mal. Mais c'est à ce moment-là que je me suis dit « Je vais leur prouver qu'elles ont torts de me refuser et que je vaux quelque chose, que mes écrits valent quelque chose. » Alors j'ai recherché pendant quelques jours sur internet une plate-forme d'auto-édition sur laquelle je pouvais compter et avoir confiance. C'est alors que BoD, Books on Demand est entré dans ma vie d'artiste. Actuellement je suis encore chez eux et je le resterai.

L'avantage de l'auto-édition c'est que vous n'avez pas à attendre que quelqu'un vous dise que votre livre est plus ou moins bon. Non, vous êtes complètement libre de vos choix, que ce soit pour le prix, le format du livre, la façon d'écrire, la couverture, etc.

L'auto-édition permet au monde entier de commander votre livre sans passer par un éditeur traditionnel. C'est un très bon avantage pour moi qui suis énormément suivi sur internet. J'ai de quoi faire de la promotion facilement et gratuitement ! C'est pourquoi je veux rester en auto-édition, je suis bien plus libre et épanouie.

{Je dois rester réaliste}

J'imagine que les écrivains auto-édités qui vivent de leurs livres ont dû faire des tas et des tas de publicités sur internet pour se faire connaître. C'est plus difficile de vivre de l'auto-édition mais moi c'est mon rêve ! Je sais que très très peu d'auteurs y parviennent car il faut que le style plaise et aussi que les gens en parlent, le fameux bouche-à-oreille. Il y a pleins de choses qui font que ça marche. Pour vous donner une idée, depuis 2018 j'ai vendu plus de 10 000 exemplaires. Pour moi j'ai percé dans le sens où j'en vends beaucoup mais pas assez pour en vivre. Où alors dire que j'ai percé à moitié en quelques sortes. Il faut que je sois patient mais aussi que je reste réaliste. Pour l'instant je ne peux pas du tout vivre de mes livres et de l'auto-édition. C'est d'ailleurs pour ça que je travaille en

ESAT, pour être stable au niveau du salaire. Les livres pour l'instant c'est un complément de revenus. On peut aussi dire que c'est un deuxième métier.

Dans ce genre de métier artistique, ce qui est le plus difficile c'est sûrement de se demander quand est-ce que les ventes exploseront pour pouvoir en vivre réellement et subvenir à ses besoins ? Je dois encore être patient et peut-être qu'un jour, j'aurais la chance d'en vivre. Ça malheureusement, personne ne peut le savoir à l'avance !

{Un style d'écriture particulier...}

Bien souvent sur mes réseaux sociaux, les gens me demandent si le style que j'écris me plaît. Sincèrement, oui. J'aime écrire ce que je ressens au fond de moi pour me sentir mieux et soulagé. Comme je peine beaucoup à aller vers les autres et que parler ce n'est pas forcément ce que je préfère, j'écris. C'est aussi une manière de dire les choses tout en étant soi-même.

*

Il est vrai qu'au début, lors de la sortie de mon premier ouvrage, je me demandais régulièrement si le style que je fais et les livres que j'écris étaient intéressants ou pas du tout. Et finalement aujourd'hui je me rends compte que ça

apporte et plaît beaucoup ! J'en suis très
heureux !

{Vais-je varier mon style d'écriture ?}

On me pose souvent cette question. Alors je pense que mon style actuel commence à lasser mes lecteurs. C'est bien d'écrire des témoignages et des récits de vie sur n'importe quels sujets mais je voudrais changer ce que je fais. Je voudrais arrêter ce style pour me lancer dans des histoires fictives. Et encore, je ne sais même pas trop dans quel genre me lancer. C'est encore tôt pour savoir. Je dois y réfléchir.

{Une force incroyable}

À mes débuts je ne pensais pas trouver ma force intérieure, celle qui me permet de continuer malgré les regards et les critiques. Je connais bien ça. Les gens qui préfèrent vous juger plutôt que d'apprendre à vous connaître et connaître vos œuvres. Mais on m'a toujours dit de ne pas faire attention à ce genre de personnes malveillante et sans intérêts, alors c'est ce que je fais maintenant.

*

Je me suis fais une ''barrière protectrice'', c'est-à-dire que je me protège de toutes les personnes douteuses qui me voudraient du mal ou des mauvaises réflexions qui sont présentes uniquement pour me détruire et me blesser volontairement. C'est le risque dans le milieu artistique mais je m'y suis préparé. Je sais et je suis conscient que je ne peux pas plaire à tout le monde, c'est le jeu !

{Faire de son mieux est le plus important}

Je sais que mes livres ne sont pas parfaits et j'en suis conscient, mais le plus important pour moi est de faire de mon mieux.

J'ai fais énormément de progrès depuis que je me suis lancé dans l'écriture. Quand je dis des progrès c'est psychologiquement comme moralement. Il faut que je continue à me battre, surtout pour moi. Pour ce que je suis réellement. Je dois dépasser mes peurs et toujours croire en moi. Je sais que désormais je suis capable ! Je continue de croire en moi et en mon talent d'écriture.

Remerciements :

Je tiens à remercier ma famille, mes proches et toutes les personnes qui m'accompagnent dans ma vie.

Un très grand merci également à toute l'équipe de mon éditeur BoD – Books on Demand qui effectuent un travail formidable chaque jour. Sans eux, rien ne serait possible.

Et pour finir, merci à vous d'avoir lu ce livre. C'est mon huitième. L'écriture me plaît et je compte continuer à m'épanouir dans ce domaine tout d'abord pour moi, mais aussi pour vous ! Un grand merci à vous !

© 2021, Matthieu Meriot
Édition : BoD – Books on Demand, 12/14
rond-point des Champs-Élysées, 75008 Paris
Impression : BoD - Books on Demand,
Norderstedt, Allemagne
ISBN: 9782322395958
Dépôt légal : Octobre 2021

FSC

www.fsc.org

MIXTE

Papier issu
de sources
responsables
Paper from
responsible sources

FSC® C105338